AF226968

CAPITAINE MATUSZEWICZ

LA CAPITULATION DE PARIS

PRÉDICTIONS

D'UN OFFICIER RÉPUBLICAIN

> Je parlerai donc librement, et mon patriotisme avertissant ne se croira inférieur ni en sincérité ni en utilité au patriotisme qui admire ou se tait.
>
> (Général TROCHU, *de l'Armée en 1867*)

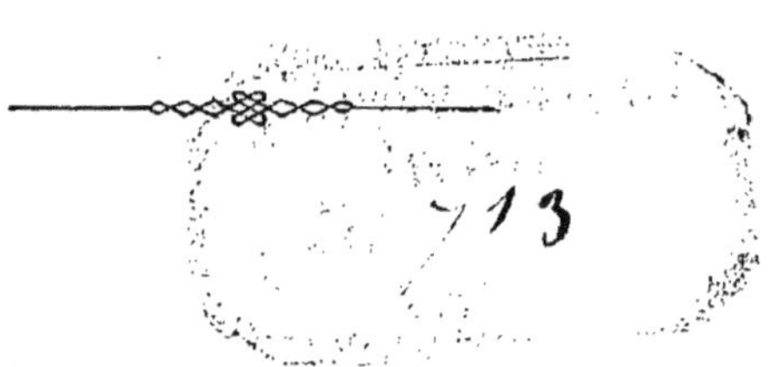

PARIS

LIBRAIRIE INTERNATIONALE

A. LACROIX, VERBOECKHOVEN ET Cⁱᵉ, ÉDITEURS

15, boulevard Montmartre et faubourg Montmartre, 13

MÊME MAISON A BRUXELLES, A LEIPZIG ET A LIVOURNE

1871

Paris. — Imp. Emile Voitelain et Ce,   rue J.-J.-Rousseau.

PRÉFACE

La vie des nations, comme celle des individus, obéit dans toutes ses phases à des lois fatales dépendant du régime qu'elles adoptent, et c'est dans l'étude médico-politique de la philosophie de l'histoire, qu'on peut trouver un infaillible diagnostic pour déduire de principes connus, des conséquences inévitables, qui se traduisent, trop souvent hélas, par des faits douloureux et cruels.

Ces axiomes politiques se réduisent, pour moi, à deux seuls : mais ils permettent, presque mathématiquement, de formuler une solution générale pour les grands problèmes que nous impose la tâche difficile d'une reconstitution physique et d'une régénération morale.

Pour moi, il me paraît incontestable que la forme républicaine est la seule qui puisse être adoptée, non pas seulement parce que, grâce à son élasticité, — si je puis ainsi m'exprimer, elle se prête au jeu, — aux compétitions inévitables de tous les partis, mais parce qu'elle seule est compatible avec le suffrage universel ou plutôt la souveraineté nationale qui, sans elle, ne serait plus que l'*abdication nationale*.

Vous avez aboli l'esclavage de l'individu : admettriez-vous celui d'une nation entière?

On m'objectera, je le sais, — qu'un monarque constitutionnel n'est pas un maître absolu, — qu'il est plutôt un pondérateur, un instrument tel que le fléau d'une balance, ou un dynamomètre pour mesurer le degré d'influence des partis, et les appeler successivement au pouvoir, au gré de l'opinion publique; mais ce rôle exige-t-il de l'intelligence, — et pouvez-vous annoncer *à priori* que le fils, — si fils il y a, — aura le sens politique du père?

Et à quel prix l'achèterez-vous?

Liste civile, dotations de prince, entretien luxueux de palais et de chambellans galonnés, — et par dessus tout, — favoritisme et corruption morale, voilà la carte à payer.

Car, — et c'est là ce que j'appelle mon deuxième axiome, — il y a une fatale corrélation entre le régime politique et le mécanisme de toutes nos institutions financières, politiques et militaires.

Un empire corrompu, une pseudo-République, — héritière, sous bénéfice d'inventaire, — de traditions qu'elle a religieusement entretenues, ne pouvait produire que des généraux de cour, aussi dédaigneux des droits du peuple que des droits des nationalités, — n'envisageant dans une guerre que les chances de l'avancement, — et nous offrant, au milieu de désastres, aussi inouïs qu'immérités, le triste spectacle d'un steeple-chasse, pour arriver premier à la curée des croix et des galons.

La République seule, mais une République sans compromis, s'appuyant à l'intérieur, avec une loi de sanction, sur les principes éternellement vrais de justice et d'égalité ; à l'extérieur, sur la solidarité fraternelle des peuples, — cette République dont on n'a pas voulu, parce que les noms effrayent plus que les choses, parce que la forme emporte souvent le fond, — cette République seule pouvait et peut encore nous sauver.

Capitulations de Sedan, de Metz, de Paris, voilà l'œuvre des généraux monarchistes.

Victoires de Dijon et de Nuits, voilà la réponse héroïque de Garibaldi à ceux qui, dédaigneux de toute étude, n'ont pas compris qu'un grand général devait toujours être doublé de l'étoffe d'un grand citoyen.

Par tous les moyens, dans ma sphère d'action toute modeste, par la plume, la parole, par la propagande, j'ai cherché à démontrer ces vérités.

Mais on riait lorsque je pleurais au 8 mai qui nous conduisait en droite ligne à Sedan, — mais on faisait des auto-da-fé de mes articles, lorsque, tout frémissant d'indignation patriotique, je dénonçais le « fameux plan Trochu, » au déroulement duquel nous assistions en victimes :

Rira-t-on encore aujourd'hui ?

Dans l'immensité de nos désastres, provoqués par la corruption de l'Empire, et prolongés par l'incapacité des élus du 3 novembre, — plus que tout autre, — prophète de malheur, j'ai pleuré : devrai-je au moins, au retour de la conscience publique, la consolation, douce à mon cœur, de voir qu'il me sera rendu une justice tardive ?

C'est l'essai que je tente, en livrant de nouveau à la publicité quelques articles qui prouveront à mes détracteurs que France et République ont, pour moi, toujours été synonymes.

Capitaine MATUSZEWICZ,

Batignolles, rue Biot, 23.

LA DÉFENSE DE PARIS

CE QU'ELLE A ÉTÉ

CE QU'ELLE POUVAIT ÊTRE

Ceux qui, sous la pression du flot populaire, dans un moment d'enthousiasme furent, au lendemain de Sedan, portés à l'Hôtel-de-Ville, et qui virent leurs pouvoirs confirmés au 3 novembre par un peuple, aussi rempli de patriotisme que d'aveugle confiance pour eux, — n'ont pas manqué d'étaler de grands chiffres, de nous faire assister à des défilés de magnifiques bataillons dont ils ne voulaient pas se servir, à des constructions de barricades inutiles, à des travaux intérieurs de forts qui ne devaient jamais être attaqués de vive force, mais qui devaient justifier l'avancement de leurs favoris, et l'incapacité classique des constructeurs, et de nous avouer naïvement que si la *guerre* se reposait, l'industrie privée avec l'initiative d'un ministre *civil*, d'un grand citoyen auquel tous, nous rendons hommage,

—fondait des canons auxquels, eux, refusaient des artilleurs.

Ils ont tout fait pour la défense..... Le peuple qui les a vus à l'œuvre, le peuple qui pendant cinq mois leur a accordé une confiance absolue en leur donnant l'exemple de la foi patriotique qu'ils n'avaient pas, qu'ils n'avaient jamais eue, le peuple leur a répondu par un formidable *non*.

Et le peuple avait raison. Du 4 au 18 septembre, tous ceux qui avaient à cœur de conjurer les désastres trop malheureusement réalisés, de notre chère patrie, accablèrent de leurs mémoires, de leurs propositions, de leurs avertissements, nos gouvernants trop crédules :

On leur disait : faites venir des vivres, et ils se contentaient de ceux amassés, on sait comment, par un ministre de l'Empire ;

On leur disait : faites venir des canons, des hommes, tracer des chemins de fer pour rayonner du centre aux divers points de la circonférence afin de concentrer plus rapidement vos troupes : ils s'occupaient de la nomination de quelques sous-préfets ;

On leur disait : envoyez des commissaires extraordinaires dans la province pour décréter la levée en masse, qu'ils soient gens de plume, d'action et de parole, sachant briser l'esprit de routine et ressusciter la discipline, en relevant le moral, en faisant des patriotes de ces soldats abattus par tant de désastres dus à l'incapacité, — et ils conservaient religieusement les valets de la momie impériale, prêts à faire plutôt des sacrifices de territoire qu'à conserver une République victorieuse ;

On leur disait : avancez vos forts, occupez par de forts camps retranchés les hauteurs topographiquement indiquées comme clef de position, — et naïvement, ils s'ingéniaient à la construction tristement comique du fort de Genevilliers, agenouillé devant les batteries prussiennes, comme une esclave aux pieds de son maître.

On leur disait : l'ennemi nous est supérieur par sa connaissance du pays, son système hardi de reconnaissances, son talent à concentrer rapidement des troupes, à employer utilement son artillerie remarquable, et se servir de « tous les moyens » pour paralyser l'action de nos francs-tireurs et de nos populations frémissantes, et ils répondaient :

« Des cartes, il s'agit bien de pareils détails,
« en vérité ! Nous sommes, il est vrai,
« en 1870, mais n'avez-vous pas des cartes
« d'état-major de 1839 ? Qu'importent les

« constructions faites depuis, et surtout les
« démolitions ? »

Et quand nous offrions au dépôt de la guerre
de faire distribuer gratuitement à *tous les officiers* une carte *rectifiée*, on répondit, longtemps après, — par la mise en vente d'une
carte corrigée en 1857 !

Les reconnaissances,... elles furent poussées
si loin qu'un beau matin, on fut tout étonné,
au sifflement des obus, de se voir entourés
par un cercle de fer qu'on avait généreusement
permis à l'ennemi de construire sous le feu de
nos batteries : mais les rapports officiels ne
nous faisaient-ils pas connaître, pour nous
consoler, qu'on « *inquiétait l'ennemi dans ses*
« *travaux ?* »

L'emploi des troupes et de l'artillerie, la
mise en usage des appareils télégraphiques
pour relier tous les corps d'armée, n'ont-ils
pas émerveillé tous ceux qui prirent part aux
sorties savamment combinées du Bourget, de
Villiers, de Châtillon et surtout de Buzenval?
Et tous ces engins destructeurs, fusées incen-
diaires, tubes à pétrole, feu grégeois, réclamés
par tous les organes de la presse, en fit-on
usage? — Ne valait-il pas mieux laisser notre
ennemi nous requisitionner à son aise, brûler
nos villages, brûler nos francs-tireurs, en

s'abritant derrière ce qu'il appelle ironiquement
« son droit de guerre ? »

Les détracteurs systématiques, les calomnia-
teurs n'ont-ils pas eu leur vue troublée par
« le brouillard de Montretout ? »

Mais trève à cette trop triste et trop longue
énumération, à cette kyrielle de fautes accu-
mulées avec une persistance inouïe.

J'ai voulu prouver que les avertissements
n'ont pas manqué au gouvernement que, le
premier dans la presse, j'ai qualifié de gouvernement de *la défaillance* nationale, — et si la
reproduction de quelques-uns de mes articles
que j'ai groupés sous divers titres, peut être un
des éléments de leur dossier, je croirai avoir
rempli un devoir patriotique.

Régler nos comptes avec un ennemi cruel,
ne doit pas nous empêcher d'en demander à
ceux qui nous ont perdus.

DE L'ARMÉE

SITUATION MILITAIRE

Nous recevons à l'instant d'un de nos collaborateurs militaires la lettre suivante, qui bien que retardée dans son envoi par la force majeure des circonstances où nous nous trouvons, offrira sans doute quelque intérêt à nos lecteurs.

Aux avant-postes, décembre 1870.

Elle est bien froide cette tente que glace le vent du nord pendant une longue nuit d'hiver, bien triste cette installation de campagne empruntée aux débris rouillés d'une fabrique naguère florissante, et plus tristes encore sont nos pensées lorsque là-bas (pas bien loin, hélas!), là-bas, à cet horizon que rougit d'un sombre éclat la détonation des fusées et des obus, des camarades, plus heureux, se dévouent à la tâche, sanglamment glorieuse, de sauver la patrie en deuil.

Mon cœur, à défaut de mon bras, est avec eux, et obscur soldat de la plus sainte des causes, je me demande, tout plein d'émotions, si leurs efforts ne seront pas stériles, si ce sang qui coule à torrents ne grossira pas encore ces flots de sang qu'a fait couler, à la suite de crimes politiques, l'ineptie ou l'incapacité des chefs.

A la lecture du récit d'un de nos meilleurs écrivains militaires, — jeune homme aussi plein de cœur que de talent, j'ai nommé Louis Jesiesrki, de l'*Opinion nationale*, — j'ai assisté aux péripéties émouvantes de ce grand drame qui se joue à coups de canon et dont le dénoûment sera la ruine d'un ou de deux grands peuples, et je n'ai pu m'empêcher de penser à cette corrélation redoutable existant entre des faits d'un ordre différent, militaire ou politique, problème insondé, mais sondable. dont l'étude doit être remise à des heures plus calmes.

Si je m'en tiens au domaine purement théorique, si je fais abstraction des conditions spéciales que nous a imposées l'investissement d'une place qu'un illustre historien regardait comme impossible, rien, à coup sûr, de plus savant que ces appréciations formulées par la plus élégante des plumes ; mais la stratégie, en dépit d'affirmations routinières, est la science du bon sens, et c'est ainsi, c'est par cela même qu'elle a pu être traduite en axiomes par le général Jomini, trop peu étudié par nous.

C'est à ce bon sens, si vous me le permettez, auquel je vais faire appel pour juger notre situation militaire.

Il est incontestable qu'elle n'est pas ce qu'elle pourrait, ce qu'elle devrait être : malgré les efforts louables du Gouvernement pour organiser ce qui était prêt, au dire solennellement criminel des Lebœuf et des Palikao, l'esprit de routine administrative, cet esprit étroit de formalisme grotesque qui ferait périr une armée plutôt que d'inobserver un règlement suranné, cet esprit a été conservé, religieusement entretenu. Chose bizarre ! **c'**est un ministre civil qui fond des canons, ce sont des bureaux militaires qui opposent des entraves à cette œuvre toute patriotique.

Bien des jours se sont écoulés dans l'indécision, et nos gouvernants (dois-je faire quelque exception?), ne croyant pas à la possibilité d'une résistance sérieuse, n'ont été préoccupés que du désir de complaire à des puissances, dédaigneuses sinon hostiles, afin de conserver, en maintenant l'ordre comme sous l'empire, un pouvoir qui, devant être tout militaire, est resté tout politique.

On ne saurait trop louer l'attitude du peuple de Paris, de ce peuple dont ont peur ceux qui ont intérêt à l'exploiter, de ce peuple dont les souffrances ne sauraient altérer le courage, de ce peuple qui, lui, à juste titre, pourrait dire qu'il est au-dessus de tous les dédains, cette attitude concordant avec la formation, tardive mais réelle, de l'armée de la Loire, rendit l'espoir aux maîtres de nos destinées, et on rompit (fût-ce sans regrets?) des négociations déjà entamées avec l'envahisseur.

Mais, pendant ce temps, l'armée prussienne s'était fortifiée sur un vaste périmètre, — longue ligne de circonvallation, solidement appuyée par des redoutes, reliées par un chemin de fer, couverte par des avant-postes abrités du feu de nos forts, — et son plan, son unique plan (n'en déplaise aux petits journaux) n'était pas de s'emparer de vive force de n'importe laquelle de nos positions, mais, en assurant ses derrières, de nous rejeter dans la place, à la suite des sorties qu'elle avait tout intérêt à provoquer.

Son auxiliaire, c'était la famine, et ce l'est encore aujourd'hui.

A ce plan, quel était celui que l'on pouvait opposer?

La logique et le bon sens l'indiquaient suffisamment; les Prussiens devaient, en majeure partie, leurs succès à une puissante artillerie : il fallait donc leur opposer une artillerie plus formidable, mais sans oublier qu'à des canons, il faut des artilleurs pour les servir, — faire *avancer*, en quelque sorte, les forts par l'établissement de redoutes, armées de gros canons de la marine (on avait le temps du 4 au 18 septembre), remuer de la terre comme à Sébastopol, relier tous les postes entre eux par des chemins de fer, des télégraphes, etc., ressusciter dans la province l'esprit de patriotisme par l'envoi de commissaires qui ne se seraient pas bornés à d'admirables proclamations, — créer enfin une armée et *une seule armée de secours*, à laquelle on aurait tendu la main grâce à une sortie *en masse*.

Au lieu de ces mesures qui, après avoir été réclamées par presque tous les organes de la presse, recevaient l'adhésion des penseurs les plus éminents de notre parti, que fit-on?

Au point de vue politique, l'empire nous avait précipités dans un abîme de désastres dont l'histoire n'offre pas d'exemples : raison de plus de conserver les grasses sinécures des favoris du régime déchu, — raison de plus de considérer l'impérialisme comme le seul titre à l'avancement.

Au point de vue militaire, dans toutes les réunions, la gauche s'élève contre de monstrueux priviléges conférés à la garde impériale : arrivée au pouvoir, elle s'empresse de rendre effectifs des grades qui, jusque là, n'étaient qu'honoraires.

Il faut, pour une armée que des revers inouïs et un relâchement de discipline ont démoralisée, des chefs énergiques, jeunes, intelligents : on exhume de la retraite des officiers qu'on s'empresse de pourvoir d'un grade supérieur, en vertu de ce principe tout naturel et logique que si, en temps normal, on devait regarder leur tâche comme finie, dans des circonstances plus impérieuses ils connaîtront d'autant mieux les armes nouvelles et la nouvelle tactique qu'ils l'auront moins étudiée.

Et ainsi du reste, et longue serait la nomenclature à faire de tous ces contre-sens.

Si de l'organisation vicieuse de ces troupes, je passe à leur emploi dans les sorties, je ne puis que constater, à regret, en me basant sur les documents officiels, qu'il n'a pas été suffisamment tenu compte des cruelles leçons que nous ont infligées les Prussiens dans cette campagne douloureuse.

La concentration successive de leurs troupes sur le point principal de l'attaque, en dégageant momentanément des positions secondaires, afin de produire non-seulement le *maximum* d'effet, mais le *succès* sur l'objectif, a été le principe fondamental qu'ils ont toujours mis en pratique, et il y a dans cette succession continue d'efforts un double avantage : celui d'obtenir la plus grande somme de résistance de la part de l'attaqué, qui se sait, qui se sent appuyé, et surtout d'ébranler le moral de l'assaillant, que terrifie l'approche de troupes fraîches au moment où il croit saisir la victoire.

Agissons-nous de même, ou plutôt avons-nous agi de même? (Je parle au passé, car j'apprends à l'instant l'issue de nos efforts.)

Assurément, non : 140,000 hommes de nos troupes, nouvellement formées, vont se heurter contre des masses fortement retranchées, et que des ordres télégraphiques renforcent à chaque minute. Ces soldats de la jeune République sont pleins de vaillance. Bravement, à leur tête, les chefs font des prodiges de dévouement et de hardiesse chevaleresque. Tous ils sont illuminés par la sainteté de la cause qu'ils défendent, par la foi en la patrie...

Mais elles sont longues et pénibles, les nuits du mois néfaste; on tremble de froid sans cou-

vertures, et Paris est là, Paris à une lieue!
Mais l'ennemi est renforcé, et pour mettre en
pratique cette manœuvre très mal connue, et
plus mal appliquée qu'on appelle *diversion*,
on immobilise des troupes qui en tiennent
d'autres en échec, il est vrai, mais dans la
proportion de 3, de 4 contre 1 (car l'ennemi
est fortifié), et qui venues, au contraire, ap-
porter leur puissant concours à l'action principale, l'eussent rendue décisive en nous per-
mettant d'élargir le cercle d'investissement,
et de faire un pas de plus vers l'armée libé-
ratrice.

Sans parti, comment formuler le résultat de
ces glorieuses journées, glorieuses par l'élan
de nos troupes? Comparez la situation du
29 novembre à celle du 3 décembre, et vous
direz avec moi :

« Que d'effectif en moins, que de blessés
en plus! » Notre cause est donc perdue, pes-
simiste que vous êtes? » me dira-t-on.

Toute autre est ma pensée.

Si avec un sentiment d'amère douleur, j'ai
commenté la funèbre proclamation de notre
président, j'ai trouvé, dans sa mâle résolution
de combattre, à la suite de la communication,
toute astucieuse du général de Moltke, l'indice
d'un revirement énergique dans les dispositions

gouvernementales, — j'y ai trouvé le gage d'un prochain et définitif succès.

Ce ne sont ni les bras, ni les fusils, ni le pain qui nous manquent : que les cœurs s'élèvent à la hauteur de la tâche, douloureusement héroïque, que leur ont imposée vingt années d'affaissement moral, et le salut de ces deux choses qui doivent être saintes pour quiconque ne fait pas un culte de la servitude, le salut de la France et de la République est définitivement assuré.

UN OFFICIER DE L'ARMÉE.

DE L'ARMÉE

II

Aux Républicains de l'Hôtel-de-Ville

Vous faites des canons depuis quelques jours, c'est bien. Mais vos artilleurs?

Nous savons que M. Victor Schœlcher en forme pour le service de 10 batteries : est-ce suffisant?

Dans l'armée, ou plutôt dans ses débris, dans vos administrations plus ou moins enrégimentées, vous avez d'anciens artilleurs. En avez-vous fait un corps d'instructeurs chargé, lui, à son tour, de créer d'autres corps?

Vous n'avez plus ni cavalerie, ni artillerie suffisantes pour lutter en rase campagne. Faire une trouée, c'est possible, c'est facile même : l'immense longueur de la ligne d'investissement vous le permet. Mais avez-vous songé que ce retrait des Prussiens leur est imposé par la nécessité des ravitaillements et leur éloignement de leur base d'opérations.

Où sont vos chefs de partisans?

Des officiers de l'armée, mais ceux-là sont

trop républicains sans doute, vous ont offert d'organiser des guérillas modèles (pas de celles de Dupin ou de Kératry, qui fusillaient à tort et à travers des malheureux sans défense), ils vous ont offert le concours de leur expérience, la mise en jeu des procédés scientifiques, si heureusement mis en pratique par les Américains?

Qu'avez-vous répondu?

Rien.

Mais en revanche, vos officiers supérieurs s'en tiennent aux renseignements que leur pourront fournir les feuilles à sensations. Vos officiers d'état-major, loin de compléter la carte de 1857, paradent auprès des commandants des secteurs, et, sauf quelques exceptions, les chefs de l'armée attribuent à l'opposition de l'ancien régime la cause de tous vos insuccès.

Pour eux, vous avez voulu trouver l'avénement d'une pâle république dans la défaite de l'armée impérialiste.

Pour eux, vous êtes au pouvoir, mais pour quelques heures encore; pour eux, vous n'êtes que les ministres intérimaires d'une prochaine restauration. Vous rendez effectifs les grades que l'empire ne leur avait conférés qu'à *titre honorifique.*

Allez : avec des demi-mesures, avec l'esprit de routine maintenu au lieu de l'initiative qu'il fallait favoriser, vous finirez par compromettre le salut du pays et vous vous perdrez avec lui, à la grande joie de ceux qui dans le mot de République craignent autant le mot que la chose. Vous n'êtes que des demi-républicains : vous êtes républicains en théorie, ils sont monarchistes en fait; et vous mériterez, au lieu d'être appelés gouvernement de la Défense nationale, d'être baptisés gouvernement de la *Défaillance nationale.*

DE L'ARMÉE

III

18 novembre 1870.

Le temps des sophismes officiels (je suis généreux) est passé, et c'est un devoir pour tous aujourd'hui, en présence de l'attitude sérieuse et patriotique de l'armée et des gardes nationales, et de la gravité suprême des circonstances, d'envisager de sang-froid la position désastreuse que nous a faite l'empire, et de trouver, dans l'étude de nos maux, le remède pour les conjurer, et l'énergie pour en triompher.

Le militarisme, aussi bien en France qu'en Prusse, il faut l'avouer, a toujours cherché à constituer une nation dans la nation, à faire des hommes-machines, pleins de mépris pour le citoyen, — pleins de zèle, en revanche, pour un gouvernement qui, sous l'apparence d'une sollicitude rien moins que désintéressée, trouvait en lui l'étai le plus solide, pour maintenir l'échafaudage politique, sanglamment élevé le 2 décembre, sanglamment et honteusement détruit à Sedan.

Ce militarisme, aussi ignare en fait de questions militaires qu'insouciant au sujet de questions d'un ordre politique plus élevé, s'attribue volontiers le monopole de toutes les conceptions stratégiques heureuses, sauf à rejeter sur la Gauche et sur ce qu'il appelait son « opposition systématique » la responsabilité de nos insuccès.

Ce militarisme, cette fraction française, (comment la désigner autrement), du *parti de la Gazette de la Croix*, oublieuse de toute idée de justice, de libéralisme et de nationalité, ne rêvait rien moins, sous prétexte de revendication de frontières nationales, que d'écraser à Mayence les adversaires du plébiscite : pour eux, la France et ses destinées, c'était peu, — l'empire c'était tout, et les provinces Rhénanes devaient être le don de *joyeux avènement* de celui qui, triomphalement, ramassait une balle à Sarrebruck.

Ceci est de l'histoire.

Vous croyez, cependant, vous et moi, que ces serviteurs, sans être mis à l'écart, — sont maintenus seulement dans les grades que leur a conférés ou le favoritisme, ou ce qu'il est convenu d'appeler *le droit à l'ancienneté ?*

Non, cette République, la terreur des provinces, est plus généreuse! Des capitaines nommés chefs de bataillons à leur retraite en vertu des nombreux priviléges accordés à l'ex-garde impériale, sont rappelés avec le grade nouveau qu'ils n'ont jamais exercé. Des commandements importants, des commandements supérieurs à leur coefficient d'instruction et d'intelligence, leur sont donnés, — et les officiers qui étaient mis à l'index lors du plébiscite, ceux qui ont cherché à faire marcher de pair leurs devoirs de militaires et de citoyens, ceux qui, dans la mesure de leurs moyens, ont été les plus zélés propagateurs des idées de la gauche; ceux-là mal notés par les plats valets qui *devaient briser leur sabre plutôt que de jamais servir la République* (textuel), ceux-là sont mis de côté.

Si, par votre organe, M. le rédacteur, ils se plaignent, ceux-là, ce n'est pas qu'ils veuillent, à leur tour, prendre part à la curée; la guerre finie, ils donneront leur démission, heureux d'avoir fait leur devoir, heureux de voir le triomphe du pays qui amènera aussi la création des armées civiques, — heureux de prouver, après bien des larmes versées et du sang coulé, — que, sous leur uniforme de soldat, ils n'ont jamais été ni prétoriens, ni mercenaires, mais sont toujours restés ci-toyens.

DE L'ARMÉE

IV

Novembre 1870

Mon cher directeur,

Les militaires qui ont voté *non*, et dans certains forts ils sont plus nombreux qu'on aurait pu le penser à l'Hôtel-de-Ville, n'ont pas voulu témoigner par ce vote qu'ils s'associaient à des doctrines politiques qui leur paraissent, à eux, — tenus jusqu'ici à l'écart des affaires du pays, — en dehors de leur compétence.

Ils ont voulu, et ils vous prient, citoyen rédacteur, de le bien faire remarquer, ils ont voulu faire savoir au gouvernement de la défense nationale qu'il était temps :

1° De mettre un terme à l'esprit bureaucratique qui nous ronge, et de faire place, — sous le contrôle de l'autorité supérieure et d'une responsabilité effective et sérieuse, — à l'esprit d'initiative; 2° de remplacer, dans l'armée, par des officiers, jeunes, énergiques, instruits, des *pompons* (l'expression sera comprise par ce temps d'uniformes) qui n'ont ja-

mais su un traître mot des innovations militaires, mais qui ont, en revanche, le mérite
d'oublier en guerre, ce que leurs jeunes subor-
donnés leur avaient indiqué dans les fameuses
Conférences, instituées par le maréchal Niel ;
3° de prendre enfin l'offensive, en utilisant —
et ils croient qu'on en a encore le temps —
toutes les innovations qu'offre patriotiquement
l'industrie privée ; 4.° de témoigner assez d'é-
nergie dans les mesures de défense prises pour
prouver à tous qu'un armistice n'amènera jamais qu'une paix basée sur la déclaration de
Jules Favre.

Ces militaires, citoyen rédacteur, ont conservé assez de discipline et de confiance dans
leurs chefs pour ne pas désespérer du succès
final, et s'ils sont abandonnés par ceux qui
s'associent à une politique pleine d'hésitations
et d'incertitudes, ils feront *quand même* leur
devoir, se souvenant qu'ils sont, bien que
soldats, citoyens et surtout Français.

DE L'ARMÉE

V

CONVERSATION MILITAIRE

Où il est prouvé qu'en dépit des assertions des gouvernants, les Prussiens redoutaient au 31 octobre l'installation à l'Hôtel-de-Ville d'un gouvernement énergique, c'est-à-dire de la Commune (ce qui ne veut pas dire des communistes).

Le récit suivant, plein d'enseignements, se passe de commentaires.

C'est le dialogue, pour ainsi dire sténographié, de deux officiers des armées belligérantes.

La scène se passait, il y a quelques jours, aux avant-postes, pendant un armistice de quelques heures pour l'enlèvement de nos blessés. Le général prussien, attendant le rapport des docteurs au sujet de la possibilité de l'évacuation, s'était fait représenter par un officier d'état-major ; l'officier français, après échange de saluts, reste muet.

L'officier prussien, *en français*. — Si vous me le permettez, monsieur, nous ferions échange de nouvelles.

L'officier français. — Généralement, vous êtes bien renseigné, aussi je m'étonne que vous ne connaissiez pas le fait réalisé de l'installation de la Commune de Paris.

P... — De la Commune! Que dites-vous?

F... — Je le tiens d'un de ces messieurs des ambulances internationales et je ne l'affirme pas.

P... — Et quels sont les noms?

F... — Blanqui...

P... — C'est un Le Flô politique.

F... — Félix Pyat...

P... — Peu importe.

F... — Dorian...

P... — Heureusement qu'il n'est pas militaire.

F... — Delescluze...

P... — Est-ce le transporté de Cayenne?

F... — Lui-même.

P... — Je mets un point d'interrogation, car je n'en crois rien; vous n'avez pas assez d'énergie, et je puis vous le dire sans réticence : votre cause est perdue, et, quoique je sois Prussien, je déplore qu'un grand peuple en soit réduit à ce point : vous êtes *énervé*. Vous n'avez plus que des moyens énergiques à employer, vous ne le ferez pas : votre routine vous amènera toujours de vieux généraux qui ne savent rien ou qui ne veulent plus se souvenir. — A propos, vous connaissez la capitulation du maréchal Bazaine?

F... — Est-ce officiel !

P... — Voici les chiffres qui nous ont été donnés : 3 maréchaux prisonniers, près de 4,000 officiers, 173,000 hommes de troupes, gardes nationales comprises : ce chiffre nous a tous étonnés : le maréchal n'avait plus de vivres ou à peu près, mais nous avons entre les mains un matériel immense. Votre armée était démoralisée.

A partir du 7 septembre, les soldats venaient individuellement nous trouver : on leur donnait des vivres, mais on les faisait prisonniers. Depuis, nous avons utilisé cet agent de démoralisation, en les renvoyant; le maréchal a fini par être débordé.

F... — Mais enfin, se sont-ils bien battus?

P... — Vos soldats sont moins instruits que les nôtres, mais plus intelligents : dans une conférence que nous fit le général de Blumenthal qui est, vous le savez, le chef d'état-major du prince royal, il nous assurait qu'avec le général de Moltke et 500,000 Français, on ferait le tour du monde.

Voyez vos généraux : ils n'étudient pas les positions, n'ont pas de cartes, laissent leurs état-majors oisifs ou paradant. A l'affaire de Sedan, le plateau d'Illy, qui était la clef de position, était occupé seulement par les bagages de votre empereur.

F... — La République, heureusement, va changer de système : nous allons vous faire une guerre de partisans acharnée, utiliser tous les moyens scientifiques, développer l'esprit d'initiative, décréter la victoire.

P... — Non, non, vous ne le ferez pas, et je puis vous le dire, c'est ce que vous auriez dû faire.

Tenez, je n'ai qu'un éloge à vous adresser : vos premiers ballons avaient une couleur trop *criante*, aujourd'hui, ils sont si bien confectionnés qu'ils arrivent tous à destination.

. . . .

. . . .

M. le lieutenant... du 2ᵉ régiment royal de Prusse, fait savoir qu'il est impossible de procéder à l'évacuation des blessés ; les voitures américaines et autres se retirent ; l'officier français en fait de même espérant bien retrouver son adversaire dans des circonstances plus heureuses et surtout avec l'application du système jusqu'ici méconnu.

DE L'ARMÉE

VI

UN PEU DE LOGIQUE

LETTRE MILITAIRE

C'est à des heures plus calmes que doit être remise l'étude des causes de nos désastres, et l'histoire de ces étapes funèbres qui nous ont conduis fatalement à la plus cruelle des capitulations.

Mais il ne me paraît pas inutile, au moment où une Assemblée, élue sous le regard de l'ennemi, va être appelée à se prononcer sur les destinées de notre malheureux pays, et prononcer un solennel verdict sur les hommes du 4 septembre, de prouver que l'esprit de logique, de déduction rationnelle ou plutôt d'application des conséquences d'un principe une fois reconnu vrai, — que cet esprit nous a fait complétement défaut.

Pour tout observateur judicieux, il était clair que le vote plébiscitaire et dynastique du

8 mai nous conduisait à la guerre, à une guerre injuste comme le sont toutes les guerres de conquête, et il suffisait d'une étude, même sommaire, des moyens d'action respectifs des deux pays engagés pour prédire, à coup sûr, tous nos désastres.

Mais pourquoi demander des études militaires sérieuses à ceux qui, sans avoir leur talent, dépassaient en orgueil, en jactance fanfaronne, les chefs féodaux et militaires du parti de la *Gazette de la Croix ?*

On criait à Berlin, — ils sont à Paris, — on triomphait sur le boulevard Montmartre, on capitulait traîtreusement à Sedan, à Metz et à Paris, — on savait tuer des ouvriers, on savait sabrer des femmes et des enfants, — on fuit devant quelques uhlans, — et l'on résout ce problème monstrueux de capituler cinq cent mille hommes armés devant cent cinquante mille assiégeants.

Corrélation redoutable et trop peu étudiée, de faits, d'ordre différent, dépendance de la politique et de la guerre méconnue, voilà une de nos fautes, et là aussi le moyen de les conjurer à l'avenir !

Faut-il se borner à les appeler coupables, ces avocats de l'Hôtel-de-Ville qui, investis d'un mandat sans limites, dans l'entraînement

de l'enthousiasme populaire, n'ont rien su faire
de ce noble peuple, résigné à tous les sacrifices, mais en revanche, ont fidèlement, religieusement conservé les errements du régime
déchu, et plus songé à emprisonner les républicains qu'à chasser les Prussiens?

Comment dois-je les baptiser, ces gens qui
m'éconduisaient orgueilleusement lorsque le
premier de tous, je m'épuisais en démarches,
en mémoires, en rapports de toute nature,
pour leur dénoncer la gravité de la situation,
et leur indiquer les moyens de la seule guerre
possible, la guerre scientifique des partisans?

Je leur faisais entrevoir le spectre hideux de
la Famine, et ils répondaient par l'énumération de travaux de défense qui ne devaient
jamais être attaqués. — A grands cris, dans la
presse, je demandais des cadres jeunes, instruits, énergiques, animés de la foi patriotique,
et ils ne savaient qu'exhumer de la retraite de
bonnes gens, aussi ignorants de l'A, B, C du
métier, qu'impérialistes, en ayant bien soin de
rendre effectifs les grades purement honoraires,
que l'homme de Sedan conférait aux serviteurs
militaires de sa garde.

Faire des citoyens disciplinés et armés sous
la conduite d'officiers sûrs de la réussite finale,
était-ce possible pour eux? N'avaient-ils pas

leur fameux plan, n'est-il pas vrai qu'ils ont exécuté la première partie en nous livrant aux Prussiens, comme ils achèvent la deuxième en livrant la France aux réactionnaires de toutes nuances?

O vous, qui après avoir adoré les gens du 4 septembre, leur avez, malgré nos avertissements, continué au 3 novembre votre aveugle confiance, comprendrez-vous enfin que le manque de logique et de sanction nous ayant perdus, il est plus que temps d'en avoir, — que l'orléanisme déguisé et le militarisme inepte nous ayant perdus, il faut, après avoir demandé des comptes aux auteurs de nos désastres, voter pour des républicains et des militaires citoyens?

DES GUÉRILLAS

Je passe sous silence les nombreux articles insérés par moi dans *le Siècle, le Réveil,* etc., au sujet de cette guerre et me borne à reproduire celui-ci :

Vendredi 7 octobre 1870.

Mon cher Delescluze,

C'est parce que je vous sais animé plus que tout autre d'un sincère patriotisme et d'un ardent amour et du pays et de la vérité, que je vous écris à la hâte ces quelques lignes pour vous témoigner la vive satisfaction que j'ai éprouvée à la lecture de vos derniers articles.

Notre position est grave, pourquoi la dissimuler ? — Les moyens, pour en sortir, sont tous indiqués : pourquoi les cacher, et surtout, pourquoi ne pas les employer ?

Les Prussiens, aussi bien que nous, connaissent l'effectif de nos débris d'armée régulière, le nombre limité de notre cavalerie et de notre artillerie : peut-on, en semblable et si triste occurrence, leur offrir une bataille en rase campagne? Inutile d'avoir longuement étudié la stratégie pour répondre.

Peut-on, à un moment donné, avec des forces considérables, avec notre artillerie concentrée tout entière, laissant Paris sous la garde de ses forts et d'une partie de la garde nationale, tenter une vigoureuse sortie et briser le cercle de fer qui nous étreint? Oui, évidemment.

Mais l'anéantissement à peu près complet de notre armée régulière nous démontre trop clairement le plan à suivre, et qui, jusqu'ici, a été négligé ; à des masses formidablement armées, savamment conduites, ce ne sont pas des masses, des troupeaux humains qu'il faut opposer : il ne nous reste qu'une issue, la guerre *en masse, oui, mais la guerre de partisans.*

Qu'on n'invoque pas à satiété les principes de 1792 : qu'on les applique.

L'intendance, l'état-major ont donné des preuves de leur incapacité : l'une trouve le moyen de laisser, en pleine France, le corps de Mac-Mahon mourir de faim ; il est vrai qu'elle a obéi à ses règlements qui, eux, survivront ; — l'autre détache ses officiers auprès des généraux commandant les secteurs, mais en revanche est ignoré aux postes avancés et ne nous donne (à ceux qui, moyennant deniers, peuvent s'en procurer) que des cartes au 1/40000ᵉ, et de 1839 ! — Qu'ils soient supprimés, qu'en rase campagne la troupe vive moyennant *réquisitions régulières*, qu'elle soit, et elle, et les états-majors, privés de leurs bagages encombrants.

La guerre de partisans est la seule possible : qu'elle soit conduite méthodiquement, *scientifiquement* (je ne développerai pas, et pour cause, ce mot) que les conférences militaires faites depuis quelques années ne restent pas à l'état de lettre morte, de mythe.

Il ne vous manque pas d'officiers jeunes, ardents, pleins de cet esprit de synthèse, de méthode, d'initiative qu'a cherché à nous enlever le système corrupteur de l'Empire : ils sont faciles à reconnaître (les capitaines Chaules, Ballue, etc,..... sont de ceux-là), qu'ils prennent la place des officiers retraités, « arrivés à la force du poignet » et que les administrations centrales utiliseraient avantageusement : jusqu'ici j'ai été prophète de malheurs, soit comme correspondant de journaux politiques, soit comme écrivain militaire, puissé-je ne pas l'être une dernière fois !

J'ai demandé au Gouvernement le commandement de *guerillas* : j'ai fait mille démarches, et je n'ai trouvé jusqu'ici que l'appui du colonel Schœlcher (1) que ce commandement me soit donné, et mon exemple suivi : « Je me charge de faire plus de mal aux Prussiens en quinze jours que deux régiments en trois mois. »

(1) Prévoyant les événements dont la province de Constantine vient d'être le théâtre, j'envoyai au général Le Flô un mémoire sur la nécessité d'utiliser, à notre profit, la cavalerie *irrégulière* d'Afrique, dont l'or de M. de Bismark (le nôtre malheureusement) pouvait faire un élément insurrectionnel. J'entrais dans des détails techniques qu'il me paraît inutile de publier, au sujet de l'organisation de ces guerillas, de leur administration et surtout de l'emploi à faire de *manipulateurs télégraphiques*. Je rends hommage aux efforts tentés par M. le capitaine de Beaurepaire dans le même sens, mais je crois, à juste titre, devoir revendiquer la priorité : du reste, les idées que j'ai développées dans maintes conférences ou réunions électorales au sujet de la nécessité de cette guerre ont été éloquemment confirmées dans une lettre, par le président Juarez dont la *foi patriotique* a été la principale cause du triomphe de la République mexicaine.

LE PLAN TROCHU

Mon cher citoyen,

C'est avec un sentiment profond d'inquiétude que les officiers républicains ont remarqué, comme vous, cette bizarre corrélation entre les nouvelles, toutes rassurantes, de nos armées de province, et les faits autrement significatifs des insuccès de nos sorties, et les agissements anti-républicains de nos gouvernants-avocats de l'Hôtel-de-Ville.

Au point de vue purement militaire, il est souverainement difficile d'apprécier, d'une façon strictement judicieuse, le rôle de ces armées disséminées sur une grande étendue de territoire, et que les Prussiens, maîtres de leurs lignes de communication et qui nous ont durement appris l'application de la science à la guerre, — pourraient successivement écraser, par une concentration rapide de leurs troupes.

Mais un criterium infaillible existe pour nous, dans le compte-bilan aussi sévère que juste de la conduite militaire du général Trochu, pendant ces longs mois, non de siége, mais d'investissement incompréhensible, qui restera toujours à l'état de problème dans le récit de nos annales militaires.

La presse, — par l'organe de presque tous ses représentants, — s'est épuisée, dès le commencement de cette période néfaste, à préconiser les mesures les plus sages et les plus dictées par un vulgaire bon sens : Emploi de chemins de fer, de travaux de terrassement, de lignes rapides de communications, exemples à suivre des progrès réalisés, soit par des généraux russes, soit par les citoyens-généraux américains, — tout ou presque tout est resté à l'état de mythe, à l'état de lettre morte.

Mais, en revanche, on a religieusement entretenu l'esprit de routine; — systématiquement, on a tenu à l'écart les officiers qui présentaient toutes garanties de confiance dans leurs opinions républicaines et dans leur zèle pour l'étude; — systématiquement, on a exhumé de la retraite des généraux, qui osent se permettre — et en présence de M. le général Trochu — de lancer des troupes contre un mur crénelé, en ne se servant de leur artillerie que pour faire évacuer au plus vite le Bourget, vaillamment enlevé par nos troupes, et perdu par la faute du général en chef.

Le résultat d'une semblable conduite, le voici sous forme de tableau :

PETIT BILAN PARTICULIER

Comptabilité du général Trochu vis-à-vis des Prussiens et de la France

—

ACTIF	PASSIF
1. Trois mois et demi de patience, de résignation et de confiance chez la population la plus nerveuse, la plus impressionnable.	1° Combats et sorties infructueux à Châtillon, à Bagneux, à Villers-sur-Marne, etc.....
2. Ressources immenses dans l'industrie privée ; concours patriotique de toute la presse ; 600,000 hommes en état de porter les armes en présence d'une armée assiégeante de 200,000 seulement.	2° *Passé* aux Prussiens des milliers de prisonniers, avec pièces de canon.
3. Position centrale avec des moyens rapides de concentration en face d'un ennemi disséminé sur un long périmètre.	3° Préconisation méthodique d'un système qui consiste à tenir son artillerie, en réserve, à lancer peu de troupes sur une position et à la faire évacuer, après de nombreuses pertes, en déclarant qu'elle est sans importance. (Ineptie complète des généraux aux affaires du Bourget, récompensée par des avancements scandaleux.)

Conclusion : Lorsque les vivres seront épuisés, — les troupes bien découragées par l'incapacité reconnue de leurs chefs, — la défiance vis-à-vis de la garde nationale passée à l'état de croyance absolue chez elles, — on exécutera le fameux plan, que les clairvoyants ont depuis longtemps deviné.

Déclarer que ce sont les républicains qui ont été toujours les véritables Prussiens et nos seuls ennemis, — que, seuls, ils se sont opposés à la réalisation d'un fameux programme du nouveau Fabius, — que déjà au 31 octobre, ils ont donné des preuves de leur connivence avec l'ennemi en demandant plus d'énergie dans la défense, — et M. le comte de Paris sera pris à témoin de ces courageuses et sincères déclarations qu'il sera appelé à confirmer.

Veuillez le dire bien haut, cher citoyen rédacteur : non, non, les officiers républicains ne prennent au sérieux ni M. le général Trochu, ni son plan, ni ses ministres.

Salut et fraternité,

LE FAMEUX PLAN TROCHU

Écrit dans *le Tribun du Peuple* deux mois avant l'exécution du plan
et brûlé sur les boulevards

D'un côté, l'honorable vice-président du Gouvernement a hautement déclaré qu'on ne céderait « ni un pouce de notre territoire, ni une pierre de nos forteresses. » Mais, comme le faisait justement remarquer un de vos collaborateurs, il n'était question ni de lieues, ni de kilomètres.

D'un autre côté, au point de vue tout militaire, l'auteur de la fameuse brochure et du fameux plan, l'illustre général Trochu, a déclaré que Paris était *imprenable :* a-t-il ajouté *incapitulable ?*

Imprenable : et qui donc pourrait croire un quart de seconde le contraire?

Imprenable! il suffit de parcourir l'enceinte, de compter les canons, les redoutes, les ouvrages avancés, de voir ce luxe *d'accessoires* de fortifications passagères qui font le plus grand honneur à ceux qui les ont commandés; mais...

Mais a-t-on songé sérieusement à se dire que notre plus grand ennemi était non le Prussien, mais la famine; que notre seule défense possible était à travers les lignes de l'ennemi et non sur les remparts?

Je vois partout des bataillons superbement défiler, de ravissantes cantinières coquettement coiffées, j'ai la faiblesse de lire les petits journaux *(le Gaulois* et *le Figaro* sont du nombre), d'assister — spectateur tout étonné — aux exploits antiques du preux Wilbay et à des triomphes imaginaires de fameux pointeurs, j'apprends, émerveillé, que le général Schmitz, qui n'a pas mis les pieds au Bourget, a tué aux Prussiens, qui n'y avaient qu'une compagnie, 36 officiers et 400 hommes, — mais je vois aussi à la lunette (c'est en vertu d'ordres supérieurs, — notre seul moyen de reconnaissance à nous, officiers républicains), — je vois des batteries prussiennes établies sur toutes les crêtes des hauteurs qui nous environnent.

J'apprends qu'on fond des canons, de bien beaux canons de sept se chargeant par la culasse et ayant une portée bien supérieure à celle de l'artillerie prussienne; mais les artilleurs, — je les cherche et je ne les *vois pas.*

Je lis, ce matin, un article remarquable de Quinet au sujet des levées à faire, de décrets à exécuter ; mais ces levées, mais ces décrets : lettre morte.

Dois-je conclure ? Quel est mon avis, me direz-vous ?

Le voici, après mûres réflexions :

De plan, il y en a un, — celui de n'en pas avoir, — et après l'avoir exécuté, de faire comprendre aux Parisiens qu'après deux mois de siége (quelle ironie !), qu'après deux mois de privation de café au lait et de rationnement de femmes du demi-monde, ils ont bien mérité de la patrie, — qu'il est inutile de conduire des gens à la boucherie, — que l'honneur est sauf, qu'une bonne petite paix honteuse viendra le consacrer, et qu'au bas de ce traité, qui nous glorifiera aux yeux de nos petits-neveux, Sa Majesté le comte de Paris daignera apposer sa signature.

TABLE DES MATIÈRES

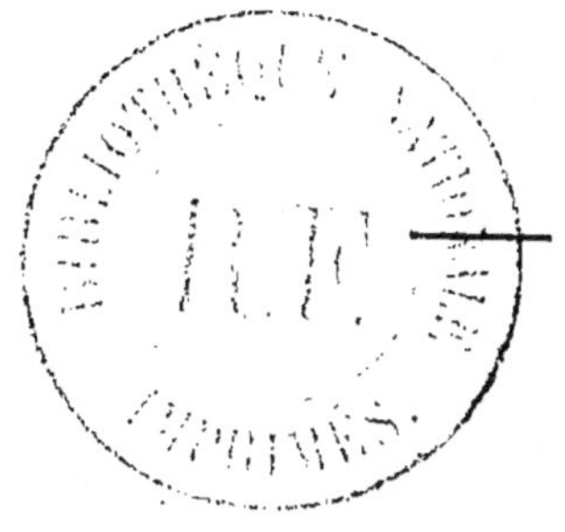